AF370852

L'OPERA

DE

SOCIÉTÉ,

COMÉDIE-BALLET,

EN UN ACTE,

REPRÉSENTÉE,

POUR LA PREMIERE FOIS,

PAR L'ACADEMIE-ROYALE

DE MUSIQUE

Le Vendredi premier Octobre 1762.

PRIX XV. SOLS.

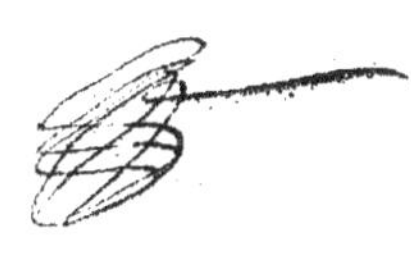

AUX DÉPENS DE L'ACADÉMIE.

A PARIS, Chés DE LORMEL, Imprimeur de ladite Académie, rue du Foin, à l'Image Sainte Genevieve.

On trouvera des Livres de Paroles à la Salle de l'Opera.

M. DCC. LXII.

AVEC APPROBATION ET PRIVILEGE DU ROL

L E Recueil des anciens Opera a fourni presque tous les vers de celui-ci.

La Musique est de M. GIRAUD, Ordinaire de la Musique de la Chambre du Roi, & de l'Académie-Royale.

ACTEURS CHANTANTS

DANS LES CHŒURS.

Côté du Roi.		Côté de la Reine.	
Mesdemoiselles.	*Messieurs.*	*Mesdemoiselles.*	*Messieurs.*
La croix.	Le Page.	D'alliere.	S. Martin.
Durand.	Delvaux.		Albert.
Fontenet.	Chicot.	Massont.	L'Écuyer.
Delor.	Scelle.	Salaville.	Tourcaty.
Roublot.	Rose.	Lachantrie.	Cailteau.
	Robin.		Chappotin.
Guilleaume.	Antheaume.	Villanfin.	Favier.
Duplant.	Contour.	Adélaïde.	Feret.
Desrosieres.	Dupar.	Marin.	Du Perrier.
Héry.		Chenays.	Boy.
			Laurent.

SUJETS.

L'OPERA-DE-SOCIÉTÉ, *Comédie.*

LA VENGEANCE DE DIANE, *Tragédie.*

LA MÉTAMORPHOSE D'ADONIS, *Pantomime.*

*Ces trois parties liées ensemble ne font qu'un
seul Acte.*

U N E Société de gens à talents s'assemble à la Campagne pour exécuter, en Musique, L A V E N-
G E A N C E D E D I A N E.

Quelques Scênes qui précédent & qui suivent la représentation interrompue de *la Tragédie*, forment *la Comédie.*

Les anciens ne s'accordent pas sur certains points de la Fable ; on s'en rapporte ici aux Mi-
tologistes qui racontent qu'un monstre des forèts, ayant immolé l'amant de Vénus au ressentiment de Diane ; Vénus obtint des Dieux que le Nectar versé sur lui le changeât en Anémone ; & qu'enfin, le soufle de Zéphire rendît à cette fleur la figure & les charmes d'Adonis. C'est le sujet de *la Pantomime.*

ACTEURS CHANTANTS.

DE LA COMÉDIE.	*DE L'OPERA.*

LUCILE. Mlle. ROZET. DIANE.

PALMIS. Mlle. LEMIERE. VÉNUS.

AGÉNOR. M^r. PILLOT. ADONIS.

VALERE. M^r. GÉLIN. UN CHASSEUR.

La Scêne eſt à la campagne chés LUCILE.	La Scêne eſt dans les bois du Cynthe conſacrés à DIANE.

CHŒURS.

NIMPHES *de la Suite de* VÉNUS.

CHASSEURS *de la Suite d'*ADONIS.

ACTEURS DE L'OPERA DE SOCIÉTÉ.

(Il doit manquer quelque chôſe à l'habillement des ACTEURS, *dans les Scênes qui précedent la repréſentation de l'Opera.)*

PERSONNAGES DANSANTS
DANS L'OPERA.

NIMPHES ET CHASSEURS.

Mlle. LYONNOIS, M^r. COMPIONI.

Mlles. Demiré, Rey, St Martin, Saron, Petitot, Siane.

M^{rs}. Lelievre, Hyacinte, Trupty, Hamoche, l. Riviere, Lany, c.

(Les noms des Danfours & Danfeufes du Ballet Pantomime font placés après la Comédie.)

LA COMÉDIE.

*Le Theâtre repréfente un Salon. On voit dans le milieu une
Guittarre pôſée ſur une table.*

SCENE PREMIERE.

P A L M I S, feule, s'adreſſant dans la Couliſſe.

A H ! *du-moins , un moment , permettés qu'en ſilence ,
Je puiſſe répéter , avant que l'on commence.*

(Liſant dans ſon rôle.)

» Il eſt mort, Ciel barbare ! o deſtins ennemis !
» Impitoyables Dieux, quoi vous l'avés permis ?...

(Elle cèſſe de lire.)

*Je dois , contre les Dieux , montrer plus de colere ,
Et , dans mon jeu , marquer plus de trouble & d'effroi.
On apporte Adonis expirant près de moi ...
Je fais d'abord un grand pas en arrière....*

» Il eſt mort, Ciel barbare ! o deſtins ennemis !
» Impitoyables Dieux, quoi vous l'avés permis ?

» Verrés - vous mon amant privé de la lumière
   » Sans le venger ſur la nature entière ?
» Il eſt mort ! Ciel barbare, o deſtins ennemis !...

C'eſt ici que le CHŒUR doit répondre à l'Actrice.

» Tiſiphone, Alecton, que tout l'Enfer s'uniſſe,
      » Pour venger la mere d'Amour.
» Le plus beau des mortels vient de perdre le jour ;
      » Que l'air de nos cris retentiſſe.
» Vénus perd ce qu'elle aime, & le perd ſans retour !
» Tiſiphone, Alecton, &c.

J'aime de ces accords l'harmonie éclatante ;
Et de mes ſons plaintifs je ſuis aſſés contente,

(Elle reprend ſon Papier.)

„ Qu'elle ſoupire tendrement ?
Ce ton, dans mon duo, ſans-cèſſe m'inquiette ;
      Avec ſon accompagnement
      Il faut qu'ici je le répette.

(PALMIS prend une Guittarre, s'aſſit. Pendant qu'elle pré-
   lude, AGÉNOR entre ſans bruit, & s'appuie
            ſur le fauteuil.)

SCENE

SCENE II.

PALMIS, AGÉNOR, en habit, moitié de ville, moitié de théâtre. P ALMIS commence le *Duo*, &, fort occupée de l'harmonie, ne s'apperçoit pas qu'AGÉNOR chante avec elle.

P A L M I S.

» D'UN cœur comme le mien, que l'ardeur eſt
    extrême !

E N S E M B L E.

» Heureux l'amant que Vénus aime ?

P A L M I S.

» Qu'elle ſoûpire tendrement !

E N S E M B L E.

» Ah ! ce que je ſens en aimant,
    » Eſt le plaiſir lui-même.

P ALMIS *s'apperçoit, enfin, qu'*AGÉNOR *chante.*)
PALMIS, *(*vivement, en ſe levant.*)*

Que vois-je ? . . . . Agénor, eh pourquoi
   Chercher à me ſurprendre ?

A G É N O R.

Près de Vénus Adonis doit ſe rendre.

PALMIS, (moins vivement.)

Agénor, eh pourquoi
Chercher à me ſurprendre ?

B

A G É N O R.

Qu'attendés-vous, Palmis, pour accepter ma foi ?

Vénus est la beauté que l'univers adore ;
Tout cede à ses charmes vainqueurs :
Mais qui vous voit est plus épris encore ;
Et ses yeux n'ont jamais allumé dans les cœurs
Le feu qui pour vous me dévore.

P A L M I S.

Je l'ai juré : je n'aimerai que vous ;
Mon cœur fit le serment, l'Amour le renouvelle :
Mais craignons le dépit de vos rivaux jaloux ;
Cette foule d'amans, à nos fêtes fidele,
S'éloignera bientôt, si je nomme un époux ;
J'attens la fin des jeux qui nous assemblent tous.

A G É N O R.

Ah, que cette attente est cruëlle ?

(On entend V A L E R E qui répéte son rôle.)

V A L E R E, (sans être vu.)

» Suivons Vénus, quand sa voix nous appelle...

P A L M I S.

Valere approche ; allés, pressés nos jeux.

A G É N O R.

Je vais hâter le moment d'être heureux.

SCENE III.

PALMIS, VALERE, *presque habillé pour le théâtre*,
VALERE, (*toujours répétant son rôle.*)

» Suivons les pas de l'aimable Immortelle.....

PALMIS.

La fête vous occupe, & j'aime à voir vos soins.

VALERE.

Je m'en occupe bien moins
  Que de Palmis qui l'ordonne.
De grâce, sur un air à ma veine échappé,
Donnés moi vos conseils.

PALMIS.

   Vous y seriés trompé;
Méfiés-vous des conseils que je donne.

VALERE, en présentant un Air.

Que je voudrois vous l'entendre chanter ?

PALMIS.

Ce sera sans succès : mais je puis le tenter.

(PALMIS chante nonchalament, tandis que VALERE, sur la
simple note de la Basse-continue, met l'expression la plus vive,
en regardant tendrement PALMIS.)

AIR que chante PALMIS à demi-voix.

L'Amour condamne la contrainte
Des cœurs, qui brûlent de ses feux ;
Il attend, pour le rendre heureux ,
Qu'un amant s'explique sans feinte.

Hélas , qu'en ce moment
Je me contrains encore !
Je dis que j'aime seulement ;
Je vous adore.

VALERE (reprenant son papier.)

Vous rendés chaque ton : mais je ne sais pourquoi
Je ne puis reconnoître
Tout l'art que vous faites paroître ,
Quand vous chantés des airs qui ne sont pas de moi.

P A L M I S.

Peut-être, je rends mieux ce que je puis comprendre.

V A L E R E.

Ah ! vous refusés de m'entendre.

SCENE IV.

LUCILE, PALMIS, VALERE.

LUCILE.

Qu'attendés-vous, Palmis? de nos chants, de nos jeux
Rien ne doit nous diſtraire.

PALMIS.

De nos chants, de nos jeux
Rien ne doit nous diſtraire.

VALERE, à PALMIS.

L'Amour veut s'unir avec eux;
Je ne ſongerai qu'à vous plaire.

(Un Concerto ſert d'ouverture à l'Opera, qui va commencer.)

PALMIS.

De paroître à-propos je puis manquer le tems. . . .
C'eſt l'ouverture que j'entens.

(Ces deux Vers ſont entremêlés dans les premieres meſures
de l'ouverture.)

(Le Théâtre change.)

SCENE V.
L'OPÉRA.

Le Théâtre repréfente une Forêt. Les NIMPHES & les CHASSEURS s'affemblent au rendés-vous.

LE CHŒUR.

» A La Chaffe ; accourés amans,
» Dans les routes, où l'on s'égare,
» Dïane même nous prépare
    » D'heureux momens.

(Danfe des CHASSEURS.)

UN CHASSEUR.

» Suïvons Vénus, quand fa voïx nous appelle ;
» Suivons les pas de l'aimable Immortelle,
    » Qui rend tous les cœurs amoureux.
    » Viens, Amour, viens nous rendre heureux ,
    » Comme Adonis l'eft auprès d'elle.

LE CHŒUR.

» A la Chaffe accourés amans,
    » Dans les routes, où l'on s'égare,
    » Dïane même nous prépare
    » D'heureux momens.

(VÉNUS paroît avec ADONIS pendant ce Chœur. Un DANSEUR & une DANSEUSE volent au-devant d'eux , fur un air qui fert de RITOURNELLE au Duo fuivant.)

VÉNUS & ADONIS.

» Dans ces bois ne cherchons que l'ombre ;

 » Flore y fait régner le Zéphir.

  » L'azile le plus sombre

  » Est l'azile du plaisir.

» Dans ces bois ne cherchons que l'ombre.

 » A la chasse, accourés Amans, &c.

A D O N I S.

» Que de plaisirs un insensible ignore !

» C'est l'amour seul qui peut nous animer.

» Avant d'aimer, on ne vit pas encore ;

» On ne vit plus, dès qu'on cèsse d'aimer.

V É N U S.

» Que de plaisirs un insensible ignore !

 » A la chasse, accourés Amans

 » Dans les routes, où l'on s'égare,

 » Diane même nous prépare

  » D'heureux momens.

(Ils partent tous au bruit des Trompes.)

D I A N E, du fond du théâtre.

 » Vas, fuis un aveugle transport ;

 » Cours, Adonis, cours à la mort.

 » Pour un berger ma fatale tendresse

» Devoit être ignorée à-jamais dans les Cieux ;

» La perfide Vénus dévoile à tous les yeux

 » Ma honte & ma foiblesse.

» Le cœur de Dïane outragé,
» Ne s'arrête point à se plaindre ;
» Ce n'est qu'après s'être vengé
» Que sa fureur se peut éteindre.

» Qu'un monstre serve mon courroux.
» Adonis est en ma puissance :
» Attaquons, portons-lui les plus funestes coups.

LE CHŒUR, (*dans l'éloignement.*)

» Ciel, o Ciel ! quel monstre s'élance ?
» Ah ! fuyons, fuyons tous.

DIANE.

» Que ma fureur l'anime. . . . . .
» Qu'Adonis en soit la victime. . . . .
» Attaquons, portons-lui les plus funestes coups.

LE CHŒUR, (*ton plaintif.*)

» Adonis en est la victime ?

DIANE, (*ton de joie.*)

» Adonis en est la victime ?

» Le cœur de Dïane outragé
» Ne s'arrête point à se plaindre ;
» Ce n'est qu'après s'être vengé
» Que sa fureur se peut éteindre.

VÉNUS

(VÉNUS, au défefpoir, revient avec fes NIMPHES
confternées.)

VÉNUS, à DIANE.

» Non, barbare Divinité,

» Je ne redoute plus ta haîne ;

» Je te défie, avec ta crüauté,

» De rien ajoûter à ma peine.

ENSEMBLE.

VÉNUS.	*DIANE.*
» Emparés vous de mon cœur,	» Tranfports de haîne & de rage,
» Tranfports de haîne & de rage ;	» Emparés vous de fon cœur ;
» Amour, c'eſt toi qu'on outrage,	» Amour, c'eſt toi que j'outrage,
» Vole en ces lieux, Dieu vengeur !	» J'aime à braver ta fureur ;
» Vois regner la mort & l'horreur,	» Vois regner la mort & l'horreur,
» Amour, c'eſt toi qu'on outrage.	» Amour, c'eſt toi que j'outrage.

(DIANE fort ; ADONIS expirant paroît au fond du théâtre
foutenu par deux Chaſſeurs.)

VÉNUS.

» Il eſt mort, Ciel barbare ! o deſtins ennemis !....

» Impitoyables Dieux, quoi vous l'avés permis ?....

(La repréfentation de l'Opera eſt interrompue. AGÉNOR ne
peut fe contraindre plus longtems, & pendant que PALMIS
chante, il dit par intervale, à parte.)

Que d'attraits !.... qu'elle eſt belle !....

C

SUITE DE LA COMÉDIE.

SCENE IV.
TOUS LES ACTEURS.

AGE'NOR cèsse enfin de repréfenter ADONIS, il s'échappe des bras de VALERE, qui le foutenoit, & vole auprès de PALMIS.

AGÉNOR.

AH! rendés moi, Palmis,
La lumière du jour, que ces Jeux m'ont ravie.
Si l'aveu le plus doux
Couronne enfin les feux dont je brûle pour vous,
Palmis, c'eft me rendre à la vie.

VALERE.

Qu'entens-je, o Ciel?
LUCILE, qui a quitté les attributs de DIANE.
Vous entendés
Qu'à l'amour de Palmis en vain vous prétendés..
Les chants qu'en ces lieux on appréte
Pour Vénus & pour Adonis,
Vont former, à l'inftant, la plus aimable fête,
Pour Agénor & pour Palmis.

VALERE.

Moi, d'Agénor & de Palmis j'embellirois la fête?
(PALMIS, offenféé de cette réponfe, veut s'en venger; elle adreffe à AGÉNOR l'air tendre qu'à compôfé VALERE; elle y met, cette fois-ci, toute l'âme & tout l'art poffible.)

AGÉNOR à PALMIS.

Couronnés vous les feux du plus parfait amant ?

PALMIS.

Helas ! dans ce moment ,
Je me contrains encore ;
Je dis que j'aime seulement ;
Je vous adore.

VALERE, en s'en allant.

Ah ! pour être vengé, j'attens son changement !

PALMIS.

» De la mere d'Amour l'ardeur est moins extrême.

AGÉNOR, & PALMIS.

» Heureux l'amant que Palmis aime ?

PALMIS.

» Qu'elle soûpire tendrement !

ENSEMBLE.

» Ah, ce que je fens en aimant
» Est le plaisir lui même.

PALMIS.

Que l'art de Terpsicore unisse à nos concerts
Le plus brillant hommage.
Que vos pas, que vos airs,
Des Jeux interrompus nous retracent l'image.

(Les ACTEURS fe placent pour voir le Ballet.)

C ij

PERSONNAGES DANSANTS
DANS LE BALLET-PANTOMIME.

VÉNUS. Mlle Dumonceau. | DIANE. Mlle Lyonnois.
HÉBÉ. Mlle Guimard. | ADONIS. M. Gardel.
FLORE. Mlle Peslin. | ZÉPHIRE. M. D'auberval.

PASTRES.

Mlle. ALLARD. Mr LANY.

Mlles. Villette, Saron, Cornu, Lahaie.

Mrs. Béate, Cezeron, Biangui, Doffion.

NIMPHES ET CHASSEURS.

Les mêmes qui ont danſé dans l'Opera commencé.

BALET PANTOMIME.

1ᵉ. *ENTRÉE.*

LES NIMPHES & les CHASSEURS forment un Ballet général.

2ᵉ. *ENTRÉE.*

Une Danſeuſe, ſous l'habit de VÉNUS, remplit les meſures les plus tendres, avec un Danſeur qui repréſente ADONIS. Le bruit des Cors les appelle ; ils partent pour la Chaſſe.

3ᵉ. *ENTRÉE.*

Une autre Danſeuſe, repréſentant DIANE, exprime la fureur, & menace ſans-cèſſe le côté où a pâſſé la troupe de Chaſſeurs. La Simphonie plaintive annonce la mort d'ADONIS ; cette Simphonie eſt coupée par des meſures vives qui marquent la joie de la Déèſſe.

4ᵉ. *ENTRÉE.*

VÉNUS paroît, & rapelle avec DIANE, *le duo* qui a été chanté dans l'Opera. DIANE, fuit.

5ᵉ. *ENTRÉE.*

VÉNUS, accâblée de douleur, tombe ſur un lit de Gâzon. Les NIMPHES s'emprèſſent autour de la Déèſſe, tandis qu'HÉBÉ arrive au ſon des flûtes ; &, le Nectar à la main, voltige autour d'elle : ainſi le Ballet va figurer l'action qui a été interrompue par l'impatience d'AGÉNOR.

6ᵉ. *ENTRÉE.*

VÉNUS fort de fa douleur profonde , reconnoît la Déèffe de la Jeuneffe, danfe avec elle un air lent ; & , fur la fin de l'air, prend le nectar des mains d'HÉBÉ.

7ᵉ. *ENTRÉE.*

LES CHASSEURS placent ADONIS expirant fur le lit de gâzon. VÉNUS verfe le nectar , qui le change en fleur.

8ᵉ. *ENTRÉE.*

VÉNUS & HÉBÉ vont au devant de Flore ; ces Déèffes s'u-niffent en pas de trois , & invitent les NIMPHES & les CHAS-SEURS à rendre hommage à ADONIS métamorphôfé en Anémone.

9ᵉ. *ENTRÉE.*

FLORE attire ZÉPHIRE ; & , dans un pas de deux , le foufle de ZÉPHIRE rend enfin à la fleur fi chere à VÉNUS , la figure & les charmes d'ADONIS.

12. *ENTRÉE.*

La Déèffe exprime avec fon Amant la tendreffe & la joie.

LE *CHŒUR.*

» *Chantons l'Amour , célébrons fa victoire ;*
» *Qu'il regne à jamais dans nos cœurs ;*
» *Et que fes traits , toûjours vainqueurs ,*
» *D'Adonis augmentent la gloire.*

11ᵉ. *ENTRÉE.*

Le Ballet célébre, à son tour, la victoire de Vénus & la gloire d'Adonis.

12ᵉ. *ENTRÉE.*

Vénus & Adonis s'uniſſent à Hébé, à Zéphire, & à Flore en pas de cinq.

(Sur la fin du Pas, Palmis chante l'Ariette, qui étoit deſtinée à terminer l'Opera interrompu.)

ARIETTE.

» *Vole Amour, ralume tes feux,*

» *Dieu charmant, viens ſerrer ma chaîne.*

» *Plaiſirs, accourés dans ces lieux,*

» *Voltigés ſous les yeux*

» *De votre ſouveraine.*

» *Vole, Amour, ralume tes feux, &c.*

13ᵉ. *ENTRÉE.*

Les Pastres des environs arrivent en danſant pour rendre un hommage Comique; la fête eſt terminée par une Contredanſe.

F I N.

APPROBATION.

J'Ai lû par ordre de Monſeigneur le Chancelier *l'Opera* de Société *Comédie - Ballet en un Aĉte,* & je crois que l'Impreſſion en peut être permiſe. A Verſailles ce ſeize Septembre 1762.

DEMONGRIF.